U0146530

法書至尊

柳公權玄秘塔碑

上海書畫出版社

09 中國十大楷書

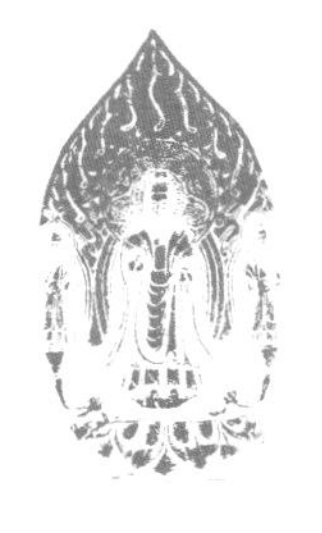

法書至尊·中国十大楷書

編委會

主任

王立翔

編委（按姓氏筆畫爲序）

李劍鋒　陳　彤　孫　暉
孫稼阜　張恒烟　馮　磊
楊　勇

責任編輯

孫稼阜　孫　暉　李劍鋒

釋文注釋

俞　豐

前言

中國書法已綿延數千年，而始終内脈未斷，且能古今無障礙承傳，可謂世界藝術之瑰寶。然而中國書法歷朝佳作燦如星瀚，要真正認識、學習書法藝術，就要溯本追源，並將其藝術發展過程中湧現的堪稱典範的法帖精選彙集，最真切地呈獻給習書者。何以爲『法帖』？以今人之評價準則，可歸結爲這樣數點，即藝術水準公認最高、師法者最衆、傳播範圍最廣、版本價值最珍。歷史上刊行過諸多法帖，因其稀有，過去大多爲王公貴族、收藏巨子們深藏，常人能得一二以睹真容，實已平生幸事。如今，隨着印刷技術的高速發展，可稱典範的法帖珍寶亦可全信息地化身千萬，供大衆欣賞與學習。

『法書至尊·十大』系列，以書史爲縱，書體爲横，囊括了數千年書法史上篆、隸、真、行、草中最上乘之作，是本社繼廣受讀者贊譽、暢銷不衰的《中國碑帖名品》之後又精心打造的一套大型叢帖。本套叢帖的印製每種各分爲正本、附本，正本爲原法帖『本色』呈現，附本爲簡介、釋讀與歷代集評。既保持了原法帖真實信息的完整性，幾同真跡，又爲讀者對原帖的深入閱讀提供了重要參考。

其中『中國十大楷書』包括了書法史上《鍾繇宣示表》《王羲之黄庭經》《瘞鶴銘》《崔敬邕墓誌》《智永真書千字文》《歐陽詢九成宫醴泉銘》《褚遂良雁塔聖教序》《顔真卿顔勤禮碑》《柳公權玄秘塔碑》《趙孟頫妙嚴寺記》等最著名的楷書法帖，從中既可見楷書發展軌跡，又各具經典性。

楷書，又稱正書、真書、正楷，出之於隸，形體方正，筆畫平直，可作楷模，故稱楷書。始於東漢，通行至今。本套叢帖所選十大楷書，從東漢、晉、南北朝、隋唐，以至元代，跨度一千餘年；十件法書起於鍾繇之古雅，訖於趙孟頫之端嚴，既可見各時代風尚，又可見楷書風格流變，實爲千餘年楷書史之概括。自趙孟頫以後，歷元、明、清三代以至於今，雖亦近七百年，但楷書正脈多是於前人基礎上發展，鮮有如『十大楷書』所選之具典型意義的巨製，這個意義上，也可以説『十大楷書』縱貫了楷書史。

本册爲柳公權《玄秘塔碑》。晚唐書法一轉厚碩圓勁的盛唐氣象而趨於瘦勁。以柳公權爲代表的晚唐書家，雖未脱盡顔真卿的影響，但依然卓然獨立，自成一家，世稱『柳體』。其楷書與顔真卿齊名，後世以『顔柳』並稱。《玄秘塔碑》爲柳公權晚年楷書之上乘佳作。明王世貞云：『此碑柳書中之最露筋骨者，遒媚勁健，固自不乏，要之晉法一大變耳。』明趙崡云：『書雖極勁健，而不免脱巾露肘之病，大都源出魯公而多疏，此碑是其尤甚者。』本書選用之本爲上海圖書館藏宋代精拓本，清徐渭仁舊藏。碑額係上海朵雲軒藏舊本補配。後附整拓，供讀者學習、研究。

上海書畫出版社

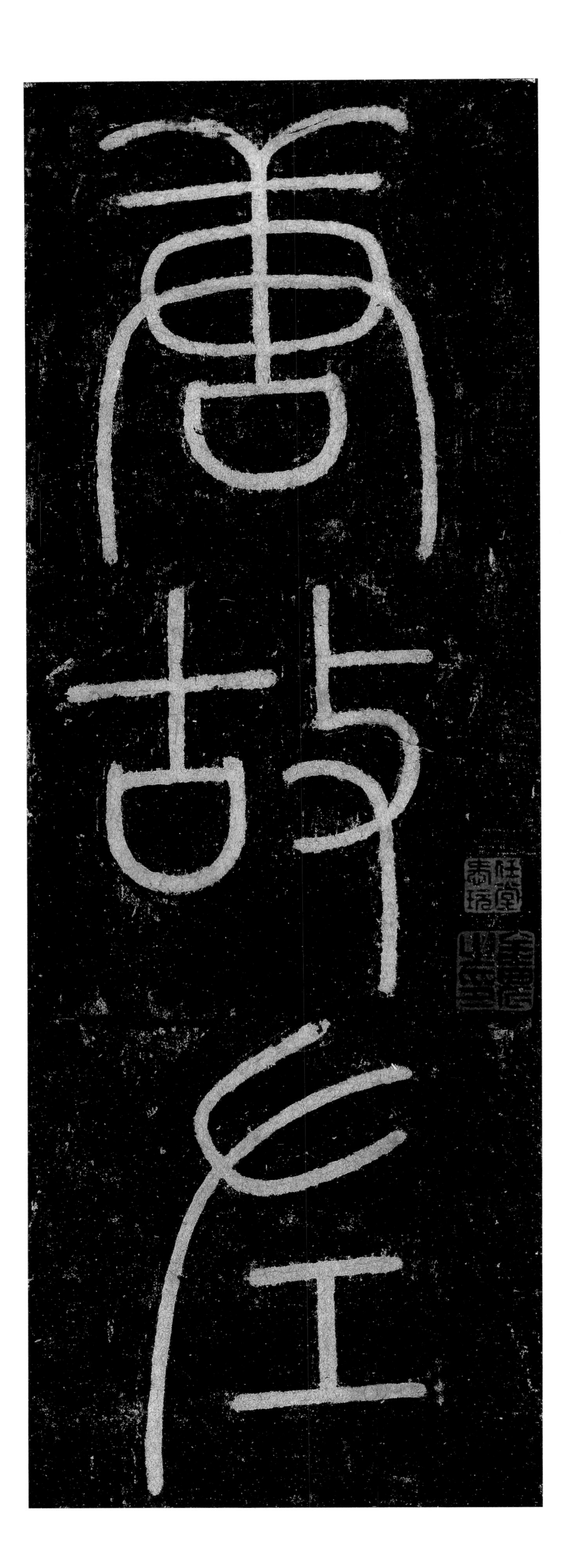

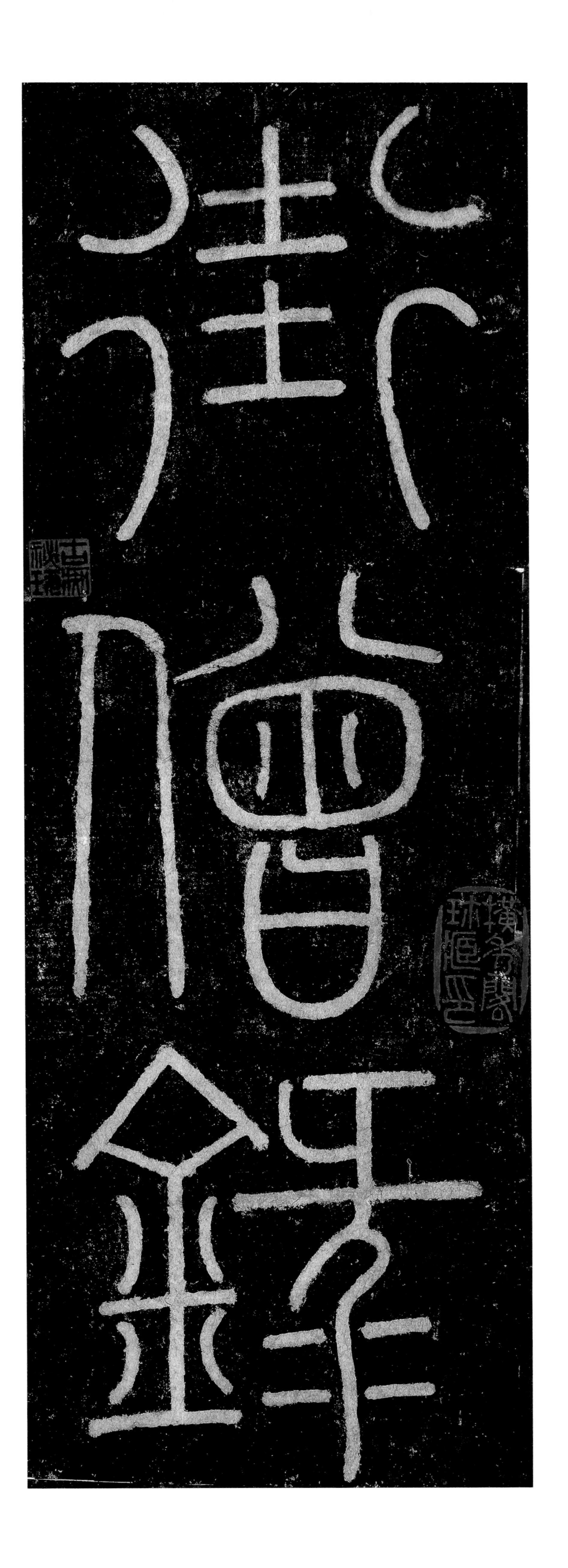

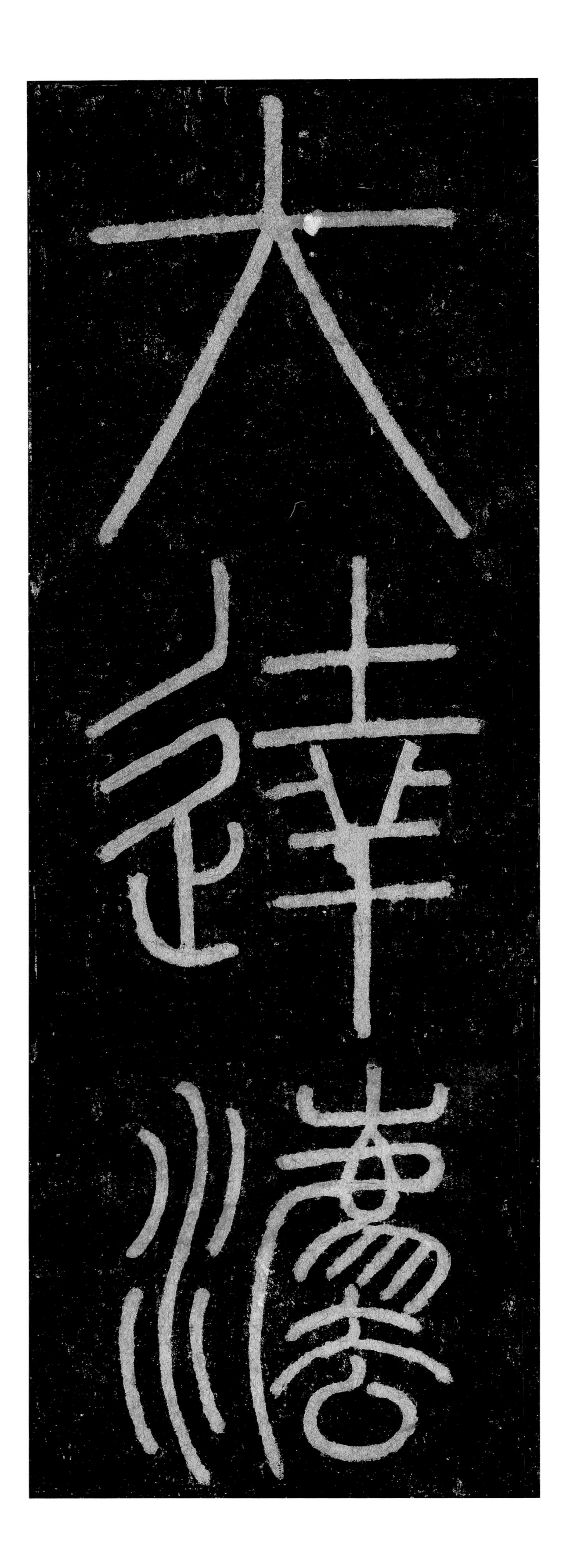

師[illegible]銘

唐故左街僧錄内
供奉三教談論引
駕大德安國寺上
座賜紫大達法師

玄秘塔碑銘并序
江南西道都團練
觀察處置等使朝
散大夫兼御史中

丞上柱國賜紫金
魚袋裴休撰
正議大夫守右散
騎常侍充集賢殿

學士兼判院事上
柱國賜紫金魚袋
柳公權書并篆額
玄秘塔者大法師

端甫靈骨之所歸也於戲為丈夫者在家則張仁義禮樂輔 天子以扶

世導俗出家則運
慈悲定慧佐
如來以人闡教利生
捨此以人為丈夫

也背此無以為達
道也和尚其出
家之雄乎天水趙
氏世為秦人初母

張夫人夢梵僧謂曰當生貴子即出囊中舍利使吞之誕所夢僧白晝

入其室摩其頂曰
必當大弘法教言
訖而滅既成人高
顙深目大顋方口

長六尺五寸其音
如鐘夫將欲荷
如来之菩提
靈之耳目固必有

殊祥奇表與始十

歲依崇福寺道悟

禪師爲沙弥十七

正度爲比丘隸安

國寺具威儀於西
明寺照律師禀持
犯於崇[illegible]寺界律
師傳唯識大義於

安國寺素法師通涅槃大旨於福林寺崟法師復夢梵僧以舍利滿琉璃

器使吞之且日三
藏大教盡貯汝腹
矣諸法經律論無
敵於天下囊括川

注逢源會委滔滔
然莫能濟其畔岸
矣夫將欲伐株杌
於情田雨甘露於

法種者固必有勇
智宏辯與無何講
文殊於清涼衆聖
皆現演大經於太

原傾都畢會德宗皇帝聞其名徵之一見大悅常出入禁中與儒

道議論賜紫方袍
歲時錫施異於他
等復詔侍
皇太子於東朝

順宗皇帝深仰其
風親之若昆弟相
與卧起　恩禮特
隆　憲宗皇帝數

幸其寺待之若賓
友常承顧問注
納偏厚而和尚
符彩超邁詞理響

捷迎合　上旨皆
契真乘雖造次應
對未嘗不以闡揚
為務繇是　天子

益知　佛爲大聖
人其教有大不思
議事當是時
朝廷方削平區夏

縛吳斬蜀潴蔡蕩
鄆而天子端拱
無事詔和
緇屬迎真骨於

靈山開法塲於秘殿爲人請福親奉香燈旣而刑不殘兵不黷赤子

無愁聲蒼海無驚
浪蓋眾用眞宗以
此政之明効
也夫將欲顯大不

思議之道輔大有為之君固必有冥符玄契歟掌内殿法儀録左街僧

事以標表淨衆者
凡一十年講涅槃
識經論處當仁
傳授宗主以開誘

道俗者凡一百六
十座運三密於瑜
伽契無生於悉地
日持諸部十餘万

遍指淨土爲息肩
之地嚴金舍爲報
法之恩前後供施
數十百一万卷以崇

飾殿宇窮極雕繪
而方丈匡床靜慮
自得貴臣盛族皆
所依慕豪俠工賈

莫不瞻鄉爲金寶
以致誠端嚴而
礼之日有千數不
可殫書而　和尚

誠殫

即眾生以觀佛離四相以修善心下如地坦無丘陵王公輿臺皆以

識接議者以為成
就常輕行者唯
和尚而已夫將欲
駕橫海之大航拯

迷途於彼岸者固
必有奇功妙道歟
以開成元年六月
一日西向右脅而

歲當暑而尊容如

生竟夕而異香猶

鬱其年七月六日

遷於長樂之南原

遺命荼毗得舍利
三百餘粒方熾而
神光月皎既燼而
靈骨珠圓賜謚曰

大達塔曰祕俗
壽六十七僧臘卅
八門弟子比丘比
丘尼約千餘輩或

講論玄言或紀綱
大寺脩禪兼律分
作人師五十其徒
皆爲達者於戲

和尚其出家之雄
乎不然何至德殊
祥如此其盛也承
襲弟子義均自政

正言等克荷先業虔守遺風大懼徽猷有時堙沒而今閤門使劉公法

取深道契弥固亦
以為請願播清塵
休嘗游其藩備其
事隨喜讚歎蓋無

愧辭銘曰
賢劫千佛第四能
仁哀我生靈出經
破塵教網高張孰

辯孰分
有大法師如從親
聞經律論藏戒定
慧學深浅同源先

後相覺異宗偏義孰正孰駮有大法師爲作霜雹趣眞則滯涉俗

則流象狂猿輕鈎
檻莫收梶制刀斷
尚生瘡疣
有大法師絶念而

遊
臣唐啓運
大雄垂教千載冥
符三乘洪（迭耀）耀寵
重恩顧顯闡讚導

有大法師逢時感
名空門正闢法宇
方開崢嶸棟梁一
旦而摧水月鏡像

無心去來徒令後學瞻仰徘徊會昌元年十二月廿八日建

刻玉册官邵建和并
弟建初鐫

唐故左街僧錄內供奉教談論引駕大德安國寺上座賜紫大達法師玄秘塔碑銘并序

南西道都團練觀察處置等使朝散大夫兼御史中丞上柱國賜紫金魚袋裴休撰

議大夫守右散騎常侍充集賢殿學士兼判院事上柱國賜紫金魚袋柳公權書并篆額

玄秘塔者大法師端甫骨之所歸也於戲為丈夫者在家則張仁義禮樂輔 天子以扶世導俗出家則運慈悲定慧佐

如來以闡教利生捨此以為丈夫也背此無以為達道也 和尚其出家之雄乎天水趙氏世為秦人初母張夫人夢梵僧謂曰當生貴子

即出囊中舍利使吞之誕所夢僧白晝入其室摩其頂曰必當大弘法教言訖而滅既成人高顙深目大頤方口長六尺五寸其音如鐘夫

將欲荷 如來之菩提靈之耳目固必有殊祥奇表歟始十歲依崇福寺道悟禪師為沙彌十七正度為比丘隸安國寺具威儀於西明

寺照律師稟持犯於崇昇律師傳唯識大義於安國寺素法師通涅槃大旨於福林寺崟法師復夢梵僧以舍利滿琉璃器使吞之且曰

三藏大教盡貯汝腹矣經律論無敵於天下囊括川注逢源會委滔滔然莫能濟其畔岸矣夫將欲伐株杌於情田雨甘露於法種者固

必有勇智宏辯歟無何殊於清涼眾聖皆現演大經於太原傾都畢會 德宗皇帝聞其名徵之一見大悅常出入 禁中與

儒道議論賜紫方袍歲施異於他等復 詔侍 皇太子於東朝 順宗皇帝深仰其風親之若昆弟相與臥起 恩禮特隆

憲宗皇帝數幸其寺待賓友常承 顧問注納偏厚而 和尚符彩超邁詞理響捷迎合 上旨皆契真乘雖造次應對未嘗不以

闡揚為務繇是 天子益知 佛為大聖人其教有大不思議事當是時 朝廷方削平區夏縛吳斡蜀瀦蔡蕩鄆而

天子端拱無事詔和緇屬迎 真骨於靈山開法場於 秘殿為人請福 親奉香燈既而刑不殘兵不黷赤子無愁聲蒼海無

驚浪蓋參用真宗以毗政之明效也夫將欲顯大不思議之道輔大有為之君固必有冥符玄契歟 掌 內殿法儀錄左街僧事以標表

淨眾者凡一十年講涅識經論處當仁傳授宗主以開誘道俗者凡一百六十座運三密於瑜伽契無生於悉地日持諸部十餘万遍指

淨土為息肩之地嚴金報法之恩前後供施數十百万悉以 崇飾殿宇窮極雕繪而方丈匡床靜慮自得貴臣盛族皆所依慕豪俠工賈

莫不瞻嚮薦金寶以致誠端嚴而禮足日有千數不可殫書而 和尚即眾生以觀 佛離四相以修善心下如地坦無丘陵王公輿臺皆

以誠接議者以為成就常輕行者唯 和尚而已夫將欲駕橫海之大航拯迷途於彼岸者固必有奇功妙道歟以開成元年六月一日西

向右脅而滅當暑而尊容生竟夕而異香猶鬱其年七月六日遷於長樂之南原遺命荼毗得舍利三百餘粒方熾而神光月皎既燼而

骨珠圓賜謚曰大達塔曰秘俗壽六十七僧臘卌八門弟子比丘比丘尼約千餘輩或講論玄言或紀綱大寺修禪秉律分作人師五十其

徒皆為達者於戲 和尚出家之雄乎不然何至德殊祥如此其盛也承襲弟子義均自政正言等克荷先業虔守遺風大懼徽猷有時堙

沒而今閤門使劉公法最深道契彌固以為請願播清塵休嘗遊其藩備其事隨喜讚歎蓋無愧辭銘曰

賢劫千佛第四能仁哀我生靈出經破塵教網高張孰辯孰分 有大法師如從親聞經律論藏戒定慧學深淺同源先後相覺異宗偏義孰

正孰駮 有大法師為作霜雹趣真則滯涉俗則流象狂猿輕鉤檻莫收柅制刀斷尚生瘡疣 有大法師絕念而遊 巨唐啟運

大雄垂教千載冥符三乘迭耀 寵重恩顧顯闡讚導 有大法師逢時感召空門正闢法宇方開崢嶸棟梁一旦而摧水月鏡像無心

去來徒令後學瞻仰徘徊 會昌元年十二月廿八日建

刻玉冊官邵建和并弟建初鐫

圖書在版編目（CIP）數據

柳公權玄秘塔碑 / 上海書畫出版社編. -- 上海：上海書畫出版社, 2017.8

（法書至尊·中國十大楷書）

ISBN 978-7-5479-1422-9

Ⅰ. ①柳… Ⅱ. ①上… Ⅲ. ①楷書-碑帖-中國-唐代 Ⅳ. ①J292.24

中國版本圖書館CIP數據核字(2017)第000269號

法書至尊·中國十大楷書

柳公權玄秘塔碑

本社編

責任編輯　孫稼阜　孫　暉　李劍鋒
審　　讀　朱莘莘
封面設計　王　峥
責任校對　郭曉霞
技術編輯　錢勤毅

出版發行　上海世紀出版集團
　　　　　上海書畫出版社
地址　上海市延安西路593號　200050
網址　www.ewen.cc
　　　www.shshuhua.com
E-mail　shcpph@163.com
印刷　上海界龍藝術印刷有限公司
經銷　各地新華書店
開本　889×1194　1/12
印張　5.17
版次　2017年8月第1版　2017年8月第1次印刷

書號　ISBN 978-7-5479-1422-9
定價　180.00元

若有印刷、裝訂質量問題，請與承印廠聯繫